Dieses Buch gehört

Liebe Eltern,

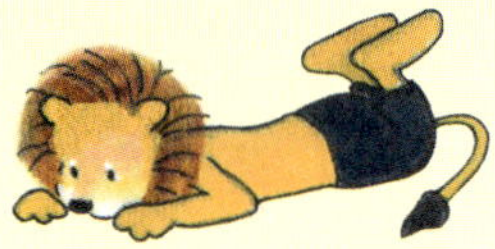

wir wollen Ihr Kind beim Lesenlernen unterstützen, und zwar mit Geschichten, die Spaß machen.

Unsere Bücher mit dem liebenswerten Leselöwen begleiten Ihr Kind durch die 2. Klasse. Sie enthalten drei bis vier Geschichten zu einem spannenden Thema, mit einfachen Sätzen und gut lesbarer Schrift. Viele bunte Bilder sorgen für Lesepausen und helfen, die Geschichten zu verstehen. Mit den Aufgaben zum Text kann Ihr Kind selbst prüfen, ob es den Text richtig verstanden hat. Zu den markierten Wörtern warten am Ende des Buches spannende Fakten und in unserem Onlineportal finden Sie viele weitere Extras!

So wird Ihr Sohn oder Ihre Tochter zum echten Leselöwen!

Ihr

Leselöwe

Leselöwen

NINA PETRICK

KLASSENFAHRTGESCHICHTEN

ILLUSTRIERT VON LISA HÄNSCH

Loewe

www.leseloewen.de

FSC
www.fsc.org
MIX
Papier aus verantwortungsvollen Quellen
FSC® C109273

ISBN 978-3-7432-0486-7
1. Auflage 2020

Umschlag- und Innenillustrationen: Lisa Hänsch
Umschlaggestaltung: Michael Dietrich
Vignetten Leselöwe: Angelika Stubner
Printed in the EU

www.loewe-verlag.de

INHALT

DIE NEUE

ANNA IST AUFGEREGT.

HEUTE FÄHRT SIE AUF **KLASSENFAHRT**.

ANNA WILL SICH MIT DJAMILA UND LILLI

EIN ZIMMER TEILEN.

DIE DREI SIND UNZERTRENNLICH!

„DAS WIRD TOLL!“, SAGT ANNA.

LILLI UMARMT SIE. DJAMILA GRINST:

„JA, DAS WIRD

DIE BESTE KLASSENFAHRT DER WELT!“

HERR BRAND, DER KLASSENLEHRER,
WARTET AM BUS.
NEBEN IHM STEHT
EIN FREMDES MÄDCHEN.
„DAS IST MARIE, SIE KOMMT NEU
IN UNSERE KLASSE.
NEHMT SIE BITTE GUT AUF.“

LILLI UND DJAMILA STEIGEN GLEICH

MIT DER NEUEN IN DEN BUS.

ANNA KÄMPFT NOCH

MIT IHRER DICKEN TASCHE.

FRAU JAHN, DIE SPORTLEHRERIN,

HILFT IHR, DIE TASCHE ZU VERSTAUEN.

IM BUS SITZT MARIE HINTEN
ZWISCHEN LILLI UND DJAMILA.
DIE DREI REDEN UND LACHEN,
ALS WÜRDEN SIE SICH EWIG KENNEN.
ANNA FÜHLT SICH PLÖTZLICH,
ALS WÄRE SIE DIE NEUE.
ENTTÄUSCHT SETZT SIE SICH ZU BEN.

„BEI DER RASTSTÄTTE TAUSCHEN
WIR DIE PLÄTZE“, SAGT LILLI.
ABER ES IST SO LAUT,
DASS ANNA SIE NICHT HÖRT.
DRAUSSEN WINKEN DIE ELTERN
ZUM ABSCHIED UND IM BUS
QUATSCHEN ALLE DURCHEINANDER.

SIE FAHREN ÜBER KURVIGE STRASSEN.

ANNA WIRD ÜBEL.

LILLI, DJAMILA UND MARIE KICHERN

DIE GANZE ZEIT.

ENDLICH HALTEN SIE

AN EINER RASTSTÄTTE AN.

„WIR STOPPEN HIER NUR KURZ,
IHR KÖNNT AUF DIE **TOILETTE** GEHEN“,
SAGT HERR BRAND.
„SPÄTER ESSEN WIR GEMEINSAM
IM SCHULLANDHEIM.“

ANNA UND MARIE VERLASSEN
ALS LETZTE DIE RASTSTÄTTE.
„WO SIND DENN ALLE?“, FRAGT ANNA.
„OH NEIN, UNSER BUS IST WEG!“,
RUFT MARIE PANISCH.

ANNA SIEHT MARIE AN.

„DIE MÜSSEN
DOCH AUF UNS WARTEN, ODER?“

MARIE ZUCKT MIT DEN SCHULTERN.

ANNA NIMMT MARIES HAND.

IN DEM MOMENT BRETTERT
EIN RIESIGER LASTWAGEN LOS.

DER GROSSE ANHÄNGER HATTE
IHREN SILBERNEN BUS VERDECKT.
„EIN GLÜCK!“, SEUFZT MARIE.
HERR BRAND WINKT ERLEICHTERT.
„DA SEID IHR JA.“
„WIR HABEN EUCH GESUCHT!“,
RUFEN LILLI UND DJAMILA.

MARIE, ANNA, DJAMILA UND LILLI

SPIELEN MIT BEN KARTEN.

MARIE VERLIERT UND LACHT.

„ICH VERLIERE JEDES SPIEL …“

ANNA SIEHT SIE AN. „DAFÜR HAST DU

DREI NEUE FREUNDINNEN GEWONNEN!“

PICKNICK IM SCHLAFRAUM

„ICH HABE HUNGER!“, RUFT FINN.
„ICH AUCH“, SAGT PIA.
SIE WAREN STUNDENLANG
IM SCHWIMMBAD DES SCHULLANDHEIMS.
IHRE LEHRERIN, FRAU WIESE, LACHT.
„ICH FREU MICH AUCH
AUF DAS ABENDESSEN!“

„ÖH!“, MACHT FINN IM SPEISESAAL.

„SIEHT AUS WIE MATSCH-AUFLAUF“,

FLÜSTERT PIA.

KEAN HAT DAS GEHÖRT.

„ES SCHMECKT AUCH SO.“

PIA KOSTET UND SCHÜTTELT SICH.

„ICH HABE EINE IDEE …“

SIE RÜCKEN ENGER ZUSAMMEN.

„WIR TREFFEN UNS ALLE BEI SOPHIA

UND MIR IM ZIMMER *REHBLICK*.

JEDER BRINGT ETWAS LECKERES MIT.“

„AU JA, EIN **PICKNICK**

IM SCHLAFRAUM!“, RUFT KEAN.

PIA STÖSST IHN AN.

„PSCHT, NICHT SO LAUT.

SONST KOMMT GLEICH

DIE WIESE ANGELAUFEN!

IHR SAGT ES WEITER ...“

IM MÄDCHEN-SCHLAFRAUM *REHBLICK*

KRAMEN PIA, NIL UND SOPHIA

IN IHREN VORRÄTEN.

„HIER SIND BREZELN UND TRAUBEN!“,

SAGT PIA.

NIL UND SOPHIA HABEN BANANEN, NÜSSE

UND SCHOKOLADE DABEI.

KEAN BRINGT KEKSE MIT

UND FINN KLEINE SALAMIS.

PIA BREITET IHR ROT-WEISS GESTREIFTES

TUCH AUF DEM BODEN AUS.

SIE SETZEN SICH HIN UND LEGEN

IHRE SPEISEN IN DIE MITTE.

ALS NOCH EIN PAAR ANDERE
AUS DER KLASSE DA SIND,
FANGEN SIE AN ZU ESSEN.
ZUERST FLÜSTERN SIE UND MURMELN,
ABER BALD REDEN SIE LAUTER.

„LEUTE, WIR MÜSSEN
LEISER SEIN!“, MAHNT PIA.
„WIR BEKOMMEN SONST ÄRGER!“
FÜR EINEN AUGENBLICK KLAPPT ES,
ABER EIN PAAR MINUTEN SPÄTER
HABEN ES ALLE WIEDER VERGESSEN.
FINN KICHERT UND NIL KREISCHT.

„PSCHT!“, WISPERN DIE ANDEREN.
„SEID DOCH LEISE!“, SAGT KEAN.
„ACHTUNG, DA KOMMT JEMAND!“,
ZISCHT SOPHIA WARNEND.
PIA KNIPST SCHNELL DAS LICHT AUS.

DIE MÄDCHEN LEGEN SICH
IN IHRE BETTEN.
DIE JUNGEN KRIECHEN DARUNTER.
ALLE SIND STILL
UND HÖREN DIE SCHRITTE
AUF DEM GANG.
SIE KOMMEN NÄHER.

PIA HÄLT DIE LUFT AN UND FLÜSTERT:
„BITTE GEH WEITER, LIEBE WIESE!“
ABER DIE TÜR GEHT AUF UND
DIE LEHRERIN KOMMT HINEIN.
„ICH WEISS, DASS IHR HIER
EIN KLEINES TREFFEN HABT.“
FINN MUSS WIEDER KICHERN.

FRAU WIESE MACHT DAS LICHT AN.
„FALLS HIER JEMAND IST, DER NICHT IN DIESEM ZIMMER SCHLÄFT, DANN GEHT ER JETZT ZURÜCK IN SEIN ZIMMER UND ICH VERGESSE DAS GANZE.“

FRAU WIESE SCHNAPPT SICH
EIN PAAR KEKSE UND GEHT WIEDER.
KEAN, FINN UND
DIE ANDEREN WARTEN KURZ.
DANN HUSCHEN SIE AUS DEM RAUM.

SOPHIA SEUFZT.

„WAR NETT VON FRAU WIESE.“

PIA ÜBERLEGT UND GRINST.

„ICH GLAUBE, IHR HAT
DAS ABENDESSEN HEUTE
AUCH NICHT GESCHMECKT.“

NACHTWANDERUNG

ALS ES DUNKEL WIRD UND
DIE STERNE AM HIMMEL FUNKELN,
VERSAMMELT SICH
DIE KLASSE VON FRAU MANN
VOR DEM SCHULLANDHEIM.
„23, ALLE DA“, ZÄHLT FRAU MANN.

„ENDLICH GEHT ES LOS!“, RUFT FRITZ.
„AUF ZUR **NACHTWANDERUNG**!“,
SAGT LEA AUFGEREGT.
EMMI KICHERT UND LEUCHTET FRITZ
MIT IHRER TASCHENLAMPE INS GESICHT.
„HE, ICH SEHE NICHTS!“, RUFT FRITZ.

ZUSAMMEN STAPFEN SIE ALLE

LOS IN DEN WALD.

DORT IST ES NOCH DUNKLER.

„CHRRR“, MACHT ES.

FRITZ BLEIBT ERSCHROCKEN STEHEN.

„WAS WAR DENN DAS?“

EMMI GRINST. „NACHTMONSTER!“

„VIELLEICHT EIN FUCHS“, SAGT LEA.

JETZT RUFT ES.

„HÖRT IHR DIE EULE?“,

FRAGT FRAU MANN.

ALLE LAUSCHEN.

„SCHUHU, SCHUHU, SCHUHU!“

SIE BELEUCHTEN MIT IHREN
TASCHENLAMPEN BIRKEN, TANNEN,
UND DEN BODEN.
„FLIEGENPILZE!“, RUFT LEA.
„SCHADE, DASS DIE GIFTIG SIND,
DIE SEHEN SO SCHÖN AUS!“

DER MOND SCHEINT AUF EINE LICHTUNG.
„GUCKT MAL!“, RUFT FRITZ.
DREI REHE SPRINGEN
ÜBER DIE WIESE.
DANN VERSCHWINDEN SIE
IM DUNKLEN WALD.

WEITER GEHT ES. FRITZ STOLPERT
ÜBER EINE WURZEL. ES KNACKT.
„IH“, MACHT EMMI. „FRITZ, WARST
DU DAS? ES STINKT SO.“
ALLE KICHERN.
„NEIN“, SAGT FRAU MANN.
„DAS IST DER PILZ STINKMORCHEL.“

„HILFE!“, RUFT EMMI PLÖTZLICH.
NUR FRITZ HÖRT ES UND LEUCHTET.
EMMIS FUSS STECKT FEST.
„ICH HELFE DIR!“
„DANKE“, SAGT EMMI. „TUT MIR LEID,
DASS ICH FIES ZU DIR WAR!“
„SCHON VERGESSEN!“, MEINT FRITZ.

„OJE, WO SIND DENN ALLE HIN?“,

FRAGT EMMI.

SIE LÄUFT MIT FRITZ LOS.

„WIR HABEN UNS VERLAUFEN!“,

RUFT FRITZ.

„HUHU, HIER SIND WIR!“

LEA LEUCHTET FRITZ UND EMMI AN.

„BITTE BLEIBT JETZT ZUSAMMEN!“,

SAGT FRAU MANN.

VOR DEM SCHULLANDHEIM

ZÄHLT SIE WIEDER DURCH.

ALLE SIND DA!

FRITZ ZWINKERT EMMI ZU.

„GUTE NACHT, NACHTMONSTER!“

EINE ANTI-HEIMWEH-PARTY

LENA, MIA UND DIE ANDEREN MURREN.
BISHER WAR DIE KLASSENFAHRT GUT.
ABER HEUTE NICHT.
ES REGNET SEIT STUNDEN UND
SIE KÖNNEN NICHT RAUSGEHEN.

LENA SEUFZT. „ICH WOLLTE SO GERNE IM SEE SCHWIMMEN."
JONA NICKT. „JA, UND DIE WANDERUNG FÄLLT AUCH INS WASSER."
MISSMUTIG GUCKEN SIE AUS DEM FENSTER. DICKE TROPFEN RUTSCHEN DIE SCHEIBEN HINUNTER.

MIA SCHLIESST DIE AUGEN.
„ZU HAUSE WÜRDE ICH JETZT
EIN BAD NEHMEN.“
ELIAS SEUFZT. „ICH WÜRDE
MIT MEINEM HUND MAX RAUSGEHEN.
ICH VERMISSE IHN.“

LENA RUFT: „VERSTEHE ICH!
MIR FEHLT BELLA, MEINE KATZE!“
DIE VIER SCHAUEN SICH AN.
BEI JONA SCHIMMERT
EINE TRÄNE IM AUGE.
„HEIMWEH“, SAGT MIA NUR.
ALLE NICKEN.

HERR HOLZ, IHR KLASSENLEHRER,
KOMMT VORBEI.
„WIR KÖNNEN ALLE ZUSAMMEN
NOCH MAL KARTEN SPIELEN.“
„NEE, NICHT SCHON WIEDER“,
SAGT ELIAS.

LENA UND JONA ÜBERLEGEN,
WAS SIE TUN KÖNNEN.
„VERKLEIDEN WÄRE GUT“,
SCHLÄGT JONA VOR.
„JA, ABER NICHT NUR EINFACH
VERKLEIDEN. ICH HABE NOCH
EINE IDEE!“, RUFT LENA.

ALLE HÖREN LENA ZU:

„WIR FEIERN ZUSAMMEN EINE **ANTI**-
HEIMWEH-PARTY UND VERKLEIDEN UNS.
DIE MÄDCHEN GEHEN ALS JUNGEN
UND UMGEKEHRT!“

DIE IDEE KOMMT IN DER KLASSE GUT AN.
ALLE RENNEN IN IHRE ZIMMER UND
KRAMEN IN IHREN KOFFERN.
LENA LEGT RÖCKE, KLEIDER,
HAARSPANGEN UND KETTEN
AUF EINEN TISCH.

DIE JUNGEN STAPELN IHRE SACHEN
AUF JONAS BETT.
UNTER GROSSEM GELÄCHTER TAUSCHEN
DIE KINDER IHRE KLEIDUNG.
JONA TRÄGT NUN EINEN ROCK
ÜBER DER HOSE.
„ICH HEISSE AB JETZT JANA!“

LENA GEHT ALS LEON
UND TRÄGT SHORTS. SIE ZIEHT SICH
EINE KAPPE WEIT INS GESICHT.
SOGAR HERR HOLZ STECKT SICH SPANGEN INS
HAAR UND LEGT DANN MUSIK AUF.
ALLE LACHEN UND TANZEN!
HEIMWEH HAT JETZT NIEMAND MEHR.

Fragen und Antworten

1. **Was sind Anna, Djamila und Lilli? Bringe die Silben in die richtige Reihenfolge.**

ZER LICH TRENN UN

Antwort: unzertrennlich

2. **Wie heißt der Klassenlehrer der Mädchen? Kreuze an.**

- ☐ Herr Feuer
- ☐ Herr Wehr
- ☐ Herr Brand

Antwort: Herr Brand

3. **Was verdeckt den Bus, sodass Anna und Marie ihn zuerst nicht sehen können? Kreise ein.**

Antwort: Lastwagen

4. Verkehrt herum. In welchem Zimmer findet das nächtliche Picknick statt?

- ☐ Kcilbhuk
- ☐ Kcilbher
- ☐ Kcilbblak

Antwort: Rehblick

5. Was gibt es beim Picknick zu essen? Immer zwei Silben ergeben ein Wort.

ZELN NÜS BRE BEN TRAU SE SE KEK

Antwort: Brezeln, Trauben, Nüsse, Kekse

6. Was macht angeblich Geräusche im Wald? Kreuze an.

- ☐ Nichtmonster
- ☐ Nacktmonster
- ☐ Nachtmonster

Antwort: Nachtmonster

Fragen und Antworten

7. Lies genau in Spiegelschrift. Wem hilft Fritz aus der Patsche?

☐ Emma ☐ Emmi ☐ Erni

Antwort: Emmi

8. Wer vermisst wen? Verbinde die richtigen Bilder miteinander.

Antwort: Elias vermisst seinen Hund Max,
Lena vermisst ihre Katze Bella.

9. Was feiern die Kinder im Schullandheim? Bringe die Buchstaben in die richtige Reihenfolge.

NATI WEIHMEH PARTY

Antwort: Anti-Heimweh-Party

10. Findest du alle fünf Namen der Lehrer aus den Geschichten im Buchstabengitter?

F	O	W	J	P	L	G
R	G	I	A	Ä	A	U
A	B	E	H	F	M	V
U	I	S	N	D	A	E
F	K	E	Ö	T	N	N
G	E	B	R	A	N	D
O	A	V	H	O	L	Z

Antwort: Brand, Jahn, Wiese, Mann, Holz

Schon gewusst?

Klassenfahrt (Seite 8):

In Deutschland gibt es über 240 Schullandheime, in denen jährlich 1,2 Millionen Kinder übernachten. Warst du auch schon mal auf Klassenfahrt? Das ist eine tolle Möglichkeit, die Kinder aus deiner Klasse besser kennenzulernen und viel Spaß zu haben!

Toilette (Seite 15):

Jeder benutzt sie täglich, nicht nur an Raststätten: die Toilette. Es gibt sogar einen Welttoilettentag. Er ist jedes Jahr am 19. November und soll daran erinnern, dass in ärmeren Ländern nicht alle Menschen Zugang zu sauberen Toiletten haben.

Picknick (Seite 23):

Das Wort Picknick setzt sich zusammen aus den französischen Wörtern für „Aufpicken“ und „Kleinigkeit“. Bei einem Picknick pickt also jeder die Kleinigkeiten auf, die er gern mag.

Nachtwanderung (Seite 35):

Tagsüber orientieren wir uns hauptsächlich über die Augen. Im Dunkeln sehen wir nicht so gut, deshalb wirkt bei einer Nachtwanderung alles unheimlicher als bei Tageslicht. Dafür hören und riechen wir auf einmal besser. Probiere es mal aus!

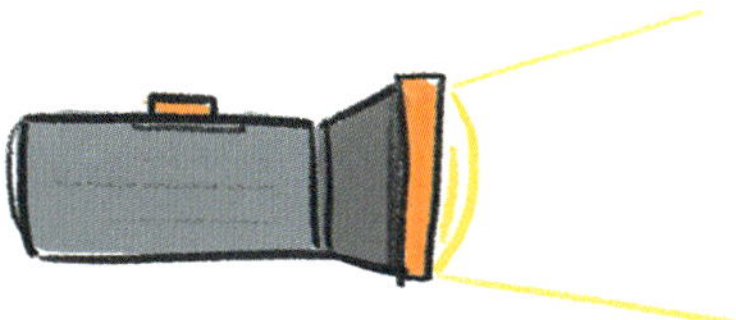

Anti (Seite 50):

Anti ist Griechisch und bedeutet „gegen“. Eine Anti-Heimweh-Party ist also eine Party gegen Heimweh.

Blättere schnell um und trage die roten Buchstaben in der richtigen Reihenfolge in die Kästchen ein!

Nina Petrick wurde 1965 in Berlin geboren. Nach einigen Semestern Germanistik und Kunstgeschichte arbeitet sie seit 1997 als freie Autorin für verschiedene Kinder- und Jugendbuchverlage und den Rundfunk. Für ihr erstes Jugendbuch „Die Regentrinkerin" erhielt sie den Peter-Härtling-Preis. www.nina-petrick.de

Lisa Hänsch, geboren 1988, studierte an der FH Münster Design&Illustration. Sie wohnt mit ihrer Familie auf einem Hof in der Nähe von Köln und zeichnet für ihr Leben gern Bilder für Kinder- und Jugendbücher.

Das Leselöwen-Lösungswort

Besuche den Leselöwen auf
www.leseloewen.de und trage
die farbigen Buchstaben
von der Seite *Schon gewusst?*
in der richtigen Reihenfolge
in die magische Box ein.

Wenn du das Lösungswort
gefunden hast, kommst du
auf die geheime Seite mit vielen
weiteren Spielen und Rätseln!

Der Leselöwe freut sich auf dich!